两界慧语

士尔 著

商务印书馆 创于1897 The Commercial Press
2018年·北京

图书在版编目(CIP)数据

两界慧语 / 士尔著. — 北京 : 商务印书馆, 2018
ISBN 978-7-100-16563-1

Ⅰ. ①两… Ⅱ. ①士… Ⅲ. ①本体论—通俗读物
Ⅳ. ①B016-49

中国版本图书馆 CIP 数据核字 (2018) 第 195776 号

两界慧语
士尔 著
伍仁 插图

商 务 印 书 馆 出 版
（北京王府井大街 36 号 邮政编码 100710）
商 务 印 书 馆 发 行
艺堂印刷（天津）有限公司印刷
ISBN 978-7-100-16563-1

2018 年 9 月第 1 版 开本 787 × 1092 1/32
2018 年 9 月第 1 次印刷 印张 8 5/8
定价：56.00 元

内容提要

行走两界的智慧语录

大千世界，芸芸众生，无不行走在两界之间：天界地界，时界空界；阴界阳界，明界暗界；物界意界，实界虚界；生界死界，灵界肉界；喜界悲界，善界恶界；神界凡界，本界异界。

《两界慧语》直面人类生存困顿，融汇儒、道、释、希伯来、希腊等文化哲学精髓，贯通人性、天性、神性、佛性、理性、魔性与自然，登文明高山，采两界薪火，点凡人心灯，筑灵魂居所，为人呈现行走两界的生命智慧。

《两界慧语》多为格言警句，摘编自《两界书》。

体例说明

1.《两界慧语》摘录自商务印书馆出版《两界书》（2017 年 5 月）。

2.《两界慧语》按主题意义相对区分为若干专题，并兼顾《两界书》原著的文化叙事逻辑。

3.《两界慧语》均为《两界书》原文摘录，故宜结合原著语境悟思阅读。

4. 每条慧语均注明摘录出处，并以简略方式表述，如：《两界书》卷十“教化”第三章第六节，简注为“教 3:6”。

5.《两界书》十二卷各卷简称如下：

（1）创世：创

（2）造人：造

（3）生死：生

（4）分族：分

（5）立教：立

（6）争战：争

（7）承续：承

（8）盟约：盟

（9）工事：工

（10）教化：教

（11）命数：命

（12）问道：问

《两界书》：东西方民族智慧的哲理书

成中英

《两界书》这本书绝对是一本好书！绝对是一本充满哲理、发人深思的好书。是作者士尔发表的世纪杰作！

作者在他考察中西古今历史、深思人类未来的境遇中，憬悟了天地创生、生死循环、人神斗智、族群竞争、文明兴灭、善恶对决的缘由及其深厚的律则与命运，并由此启发了十个对人类存在意义、目的以及价值来龙去脉之问，显示了《两界书》命名意义之所在，并借由先知圣者的声音予以简短的回示。

此书虽然大致呈现了古代希伯来民族的历史，但却更深刻地彰明了华夏民族的易道儒三家的智慧，亦即通贯阴阳有无、结合天地人神的两行合一精神，实现在人的继善成性的生命中。

此书不仅是一本有关东西民族智慧的哲理书，也是一本一流创新的文学精品。作者写作方式的新颖突出与文字构思的精美简朴都能自成一体，是邃密思考的结晶，读之引人入胜而不自觉。可说作者以其才华慧思之盛开辟了人类心灵的化境！

从思想价值来说，本书有一个重要的构思，也可以说是启示：综合了东西文明的发展史形成了一个含义更为丰富的人类整体发展的图像——从天地创生，到族群繁衍分化，经过战争融合，生产工具创新与知识发展，伦理教化等重大的文明发展事件，可说人类从原始社会进入到现代世界的整体历史自觉。这一图像显然也带来了人类发展的美好前景，而此前景的美好更明显地建筑在中国文明与文化所包含的天人合德、万邦协和、人文教化的实践模型上面：此一模型正是中国文明的精华所在，体现了儒家亲亲、仁民、爱物以及与万物为一体的生命伦理情怀。

总论之，本书作者体现了三个思想的维度：综合人类文明史，文明发展的途径与方式，以及文明发展的道德内涵。三个维度的合一与统一提供了人类命运共同体的坚固基石。

《两界书》蕴含着丰富的古典文化宝藏，展现了一个丰富的哲学世界与文化生命价值，涉及对古犹太、古希腊和中国先秦时代的经典认知。作者以生动的文学笔法和超凡脱俗的想象力，对人类文明初开的心灵和自然生命的欲念进行了半寓言与半历史的陈述，非常明确地透露出人类对世界万物的求知精神与生命价值的追求激情。因而也让人的身心陷入到种种存在的界限的概念网路之中，借界限以凸显价值的理想、生命的境遇，同时也借界限显示了生命的有限性、生活的曲折性与历史的诡异性。

《两界书》这本书蕴含的文化生命智慧，实为人类生命的共同体提供了绝好的借镜。为了世界的和平、繁荣与发展，此书值得学界、尤其值得文史哲学问中人，无论中西，进行人类文化价值与历史智慧走向的省思、研究与挖掘，并以此为出发，更进一步探索人类原始、人类创发的生命过程与人类的未来。这也是中国文化与中国智慧及哲思照亮世界的契机。

我读了《两界书》之后，最大的感想：这是超越时代的一本兼文学历史与哲学的、融汇中西历史与哲学问题的顶尖著述。此书叙事方式基本是文学的，但具有历史的深刻含义和哲学的启示性。对今天不同宗教传统也有重大含义，尤其对中国走向关怀、改善世界，使得这个世界更美好，走向真正的全球文化与文明，具有积极推动作用。

《两界书》是划时代的，是启发新智的

文学作品，同时在哲学方面折射出中国哲学美好的超前性，为世界哲学铺路，引领更好的未来。

以上所说，是我所看到士尔教授《两界书》中的两界论引发的哲学思考。因为这本书本身有哲学的认知、体验和丰富的对历史的认识。从士尔教授对两界的认识，可以说他是文化学家，也可以说他是哲学家，他对文化省思的幅度与深度在近代学者中是少见的，也是在近代出版物中所少见的。

注：该文为成中英教授论述《两界书》的部分观点摘编，作为《两界慧语》代序。成中英（Prof. Chung-Ying Cheng, 1935—）教授是著名哲学家，美国夏威夷大学终身哲学教授，国际中国哲学学会（1974）、国际易经学会（1985）、国际儒学联合会（1993）等国际性学术组织的创立者与首倡者，英文《中国哲学季刊》（1973）的创立者和主编。

目　录

引言　行在两界 / 1

一、世界的构成

1. 太初太始，世界虚空…………………… 3
2. 上要有天，下要有地…………………… 4
3. 光是太阳，暗是太阴…………………… 5
4. 时空交转，世界成立…………………… 6
5. 天地为骨肉，昼夜为气血……………… 7

二、世界的维度

1. 两维之上，实生万维……………………11
2. 本维有道无痕，存于有无之间…………12

三、万物衍生

1. 万物各从其类，各作其为……………15
2. 无中生有，多少之间…………………16

四、人的使命

1. 造治理者，以便治理世界……………21
2. 大千世界，以人为选…………………23
3. 天帝超然在上，并不袖手旁观………24

五、人的天命

1. 男人与女人……………………………27
2. 道消隐，顽疾出………………………30
3. 得一进二，得二进三…………………31
4. 人皆有命，各自修为…………………32
5. 有能而无致，有生而无恒……………33
6. 为生而乐，向死而舞…………………34

六、人的分族

1. 各自立族，分处生息……………………37
2. 语因族异，道统不一……………………38
3. 雅族教规……………………………………39
4. 函人教规……………………………………40
5. 希人教规……………………………………41
6. 布人教规……………………………………43
7. 普罗教规……………………………………44
8. 教中有教，分中有合……………………45

七、人的争战

1. 族族相争，教派相对……………………49
2. 坐山望水，拥水望山……………………50
3. 天帝何制人，自依人修为………………51

八、理世化民

1. 身有高矮，心有分殊……………………55

2. 制、人合适，纲举目张……………… 56
3. 民、国一体，国之可兴……………… 58
4. 顺势随流，源远流长………………… 59

九、王道、天道与仁道

1. 王与庶民，有异而大同……………… 63
2. 上合天道，下合仁道，方成王道…… 64
3. 国以民为本，民以食为根，
同以道为天…………………………… 65
4. 王道之上有天道，王道所立基民心… 66
5. 天道开启王道，王智开启民智……… 67

十、劳作与工事

1. 日出唤人劳作，月出召人停歇……… 71
2. 智师创符，众人仿效………………… 72
3. 天生心，心生意，意生工…………… 74
4. 工事恶胀，人为器奴………………… 75

十一、人性之初

1. 人之初，性本合……………………79
2. 人有双面，盖因内有双心…………80
3. 识面易，识心难……………………82
4. 人之为人，在其性变………………83

十二、道魔相争

1. 魑魅魍魉，道魔相争………………87
2. 众生芸芸，可化而易变……………88
3. 欲水横流，人为鱼鳖………………89
4. 道之广大，无所不在………………90

十三、诚信通约

1. 人言无信，类同犬吠………………93
2. 人非个人，以约为通………………94
3. 欺者重罚，违者重赔………………95
4. 与道为约，死可闭目………………96

十四、仁不离制

1. 人须爱人，以仁为和……………………99
2. 经国化民，以法为制…………………… 100

十五、识数不迷

1. 十分者为满，满者至反…………… 103
2. 识数不迷，世之本义…………………… 105
3. 万物有对，相辅相成…………………… 107

十六、灵修养命

1. 欲敲仙界之门，须以现命为砖…… 111
2. 仙药非药实为道，仙道非远在心间 … 112
3. 心路通，心灯明，命灯长久……… 113
4. 命如悬灯，有油则亮…………………… 114
5. 邪毒入身有四径………………………… 116
6. 心灯明亮，命灯长久…………………… 117
7. 三灯齐映，灵魂不朽…………………… 118

8. 道行相辅，可添命符……………… 119

十七、命运否泰

1. 事有前因，必有后果……………… 123
2. 天道有恒，人无定运……………… 124
3. 命运否泰，一线之间……………… 125
4. 万物有始，必定有终……………… 126

十八、警世乌托邦

1. 异象丛生………………………… 129
2. 天象变乱………………………… 130
3. 昼夜失序………………………… 133
4. 怪象迭出………………………… 134
5. 地象变易………………………… 135
6. 怪虫涌出………………………… 136
7. 旱涝并行………………………… 137
8. 果粮不常………………………… 138

9. 地象怪异 ········ 139
10. 怪物层出 ········ 140
11. 本能颠倒 ········ 142
12. 男女性变 ········ 143
13. 怪胎层出 ········ 145
14. 人自生变 ········ 146
15. 婴儿说话行走 ········ 149
16. 食无原食，居无静所 ········ 150
17. 生息悖序 ········ 151
18. 人为器奴 ········ 152
19. 男人不再知耻，女人不再识羞 ········ 153
20. 人无定性，心无坦诚 ········ 154
21. 以金为拜，心无神明 ········ 155
22. 心饥无食粮，魂游无居所 ········ 156
23. 基化因变，心塞意乱 ········ 157
24. 日子短暂，忽如落石 ········ 158
25. 远空急聚，间离混乱 ········ 159
26. 万有归无，无蕴万有 ········ 160

十九、喜乐世界

1. 悲喜两向，天人共为…………………… 163
2. 喜乐世界，小鸟欢歌…………………… 164
3. 天下邪恶尽除，良善布满人间…… 165
4. 天南地北，实为一家…………………… 168
5. 甘露均润众生，粮果不偏一族…… 169

二十、人的修为

1. 依约而生，各得其所…………………… 173
2. 蛛有织网，人皆不孤…………………… 174
3. 仁者为人，可辨善恶…………………… 175
4. 人依理据，可明是非…………………… 176
5. 恒皆为表，异则为本…………………… 178
6. 异中可为，要在人为…………………… 179
7. 感天知地，依道而生…………………… 180
8. 人由恶化善，故抑恶扬善………… 181
9. 君子行道，路有犬吠…………………… 182

10. 仁德之道恰如山棘之路 ………… 184
11. 心正则目清，目清则视洁，
视洁则生善 ………………………… 186
12. 人之为人，德行兼备 ………………… 187
13. 位势相适，时运自备，天道必报… 188
14. 世不离道，道不远人 ………………… 189

二十一、善恶相报

1. 善恶相报，报有其时………………… 193
2. 世人多有不知，报分前报终报…… 194
3. 因果相报，天地大律不改………… 195
4. 君子行善，善则遇恶………………… 196
5. 从善如流，嫉恶如仇………………… 197

二十二、今生来世

1. 今生与来世………………………… 201
2. 既生现世，即立现世………………… 202

3. 人生现世，皆为来世订约………… 203
4. 人生现世，当循现世之律………… 204
5. 今生来生，生生不息……………… 205
6. 大意无象，隐存不形……………… 206

二十三、人的困扰

1. 身如过虫，为何而生……………… 209
2. 马驴易识，豺豹易辨，
究竟何为人？……………………… 210
3. 渴慕成鸟，翔飞林间……………… 211
4. 天命似知心犹在，前路向何方？… 212

二十四、人的心主

1. 人心无主，何立世界……………… 215
2. 人有事主，必有心主……………… 216
3. 心无居所，漫地野游……………… 217
4. 天帝与人订心约，使万众区分禽兽… 218

5. 天下万族，原本同一天父………… 219
6. 无仁善人之不存………………… 220
7. 人之为人，以仁制欲……………… 221
8. 人有悟觉，即得心主……………… 222

二十五、天道立心 人道安身

1. 人处天地之间，脚立道欲两界…… 227
2. 天道在上，地欲在下……………… 229
3. 道、欲、人三维而织，三纲而张… 230
4. 无欲则无生，无道不成人………… 231
5. 天道无疆，人道有痕……………… 232
6. 天道盖顶，超然族群……………… 233
7. 族魂灭，城廓乃躯壳……………… 234
8. 天道立心，人道安身……………… 235

二十六、六合花开 合正大道

1. 六言慧语………………………… 239

2. 六说不悖，皆有其悟…………………… 241
3. 六合正一，道通天下…………………… 242
4. 化用六说六言……………………………… 244
5. 天道自然为人主，
高天大地为父母…………………………… 245
6. 顺天行道，为人正义…………………… 246
7. 六说六言合正道，
两足两界走一生…………………………… 247
8. 六合花开…………………………………… 248

引 言

行在两界

- 世有两界：天界地界，时界空界；阳界阴界，明界暗界；物界意界，实界虚界；生界死界，灵界肉界；喜界悲界，善界恶界；神界凡界，本界异界。（《两界书》引言）
- 两界叠叠，依稀对应。（《两界书》引言）
- 有界无界，化异辅成。（《两界书》引言）
- 芸芸众生，魑魅魍魉。（《两界书》引言）
- 往来游走，昼夜未停。（《两界书》引言）

一、世界的构成

1. 太初太始，世界虚空

- 太初太始，世界虚空，混沌一片。（创 1:1）
- 天雷骤起，天光闪电，混沌立开。（创 1:1）
- 混沌开，天道行。（创 1:2）
- 万物充灵，不致死寂。（创 1:2）
- 死中生活，寂中生化。（创 2:1）

2. 上要有天，下要有地

◆ 上要有天，下要有地，中间安置万物。（创 2:3）

◆ 天至高，长物可伸难抵天际。（创 2:3）

◆ 地至宽，阔物可置不达地边。（创 2:3）

◆ 天高地阔，天虚地实。（创 2:3）

◆ 高天有浮云，苍穹浩瀚，灵道无边。（创 2:3）

◆ 大地有高低，山川交错，孕生万物。（创 2:3）

3. 光是太阳，暗是太阴

- 光是太阳，运生白昼。（创 2:2）
- 暗是太阴，运生黑夜。（创 2:2）
- 太阳太阴交替，白昼黑夜反复。（创 2:2）

4. 时空交转，世界成立

- 天地既形，空维即立。（创 3:1）
- 昼夜交替，时维即成。（创 3:1）
- 天地筑空维，昼夜织时维。（创 3:1）
- 空时两维，纵横交错，成世界所凭，万物所依。（创 3:1）
- 时空交转，世界成立。（创 3:1）

5. 天地为骨肉，昼夜为气血

- 天地空维，构世界之广大。（创 4:1）
- 昼夜时维，构世界之深远。（创 4:1）
- 天地为骨肉，昼夜为气血。（创 4:1）
- 骨肉气血相依相存，世界而有生息，成大千生息世界。（创 4:1）
- 天地运转，日月为朋，星辰相伴。（造 1:1）

二、世界的维度

1. 两维之上，实生万维

◆ 天帝之灵，世界之妙，乃立于时空，超于两维。（创 4:1）

◆ 时空两维之上，天帝灵道运行，实生万维。（创 4:1）

◆ 时空两维为基，成万物凭依。（创 4:2）

◆ 灵道万维为本，成世界纲目。（创 4:2）

2. 本维有道无痕，存于有无之间

- 意念情悟，思觉幻空，可感而不知，可受而不识，乃世界本维。（创 4:2）[①]
- 本维有道无痕，存于有无之间。（创 4:2）
- 世维有数无限，乃数数之变，数定本元。（创 4:2）

---

①以意（心意）、念（念思）、情（情欲）、悟（悟觉）、思（思虑）、觉（觉醒）、幻（幻觉）、空（空虚）等等，喻说万维的构成和表征，也是人感受万维的路径方式。

三、万物衍生

1. 万物各从其类，各作其为

◆ 万物由类衍生，根须有分而连，枝蔓有连而分。（创 3:2）

◆ 浩水淼淼，湛湛不竭。（创 3:2）

◆ 厚土墩墩，有边无际。（创 3:2）

◆ 木林森森，枯而再生。（创 3:2）

◆ 金石硕硕，固散自存。（创 3:2）

◆ 火烁炎炎，熔化炽息。（创 3:2）

◆ 万物各从其类，各作其为。（造 1:1）

◆ 天尘化育万千，各按天帝灵道运行，各有人朋演化治理。（造 6:2）

2. 无中生有，多少之间

- 使无成有，使有各一，一成万有之元。（创 3:3）
- 混沌分天地，由一为二，一分二维，二成万物成式。（创 3:3）
- 二维相对，合分化生，使二成三，三生异变，三成万物化因。（创 3:3）
- 无中生有，有后复无。（创 4:2）
- 一生无限，万维归一。（创 4:2）
- 少生多，多复少。（创 4:2）
- 多多少，少少多。（创 4:2）

◆ 多少少多，少多多少，复归元一。（创 4:2）[①]

①此处言及有与无、多与少之间的辩证、转化关系。高僧延寿（904–975 年）所集佛学典籍《宗镜录》卷四十六有云："且单四句者。一有。二无。三亦有亦无。四非有非无。复四句者。一有有有无。二无有无无。三亦有亦无有，亦有亦无无。四非有非无有，非有非无无。"也是在谈有与无的关系，可资参阅。

四、人的使命

1. 造治理者，以便治理世界

- 天帝决意造治理者，以便治理世界。（造 2:1）
- 所造之人，以四目观物，可知远近，可明大小。以四耳闻声，可穿黑暗，可越墙磊。以两心行意，可往来世时，逾物越界。（造 2:2）①
- 人可通窍悲喜，悲时会哭，喜时会笑。（造 4:2）
- 悲极亦笑，喜极亦哭。（造 4:2）
- 人与兽畜心力有异，动行有别。（造 3:4）
- 人须别于兽畜，是为天帝定例。（造 4:2）

①《两界书》卷二“造人”讲述：最早的人为“初人”，初人不分男女，初人的头、目、耳、心、腿、手等在数量上都比一般动物多出两倍，以便初人治理世界。

（初人图）

2. 大千世界，以人为选

- 大千世界，万物众生，天帝以人为选，不断培植，增人灵性。（造 6:1）
- 天帝于万物中以人为选，赋人超凡心力，以治理世界。（造 2:2）
- 天帝造人之工既成，就将世界交人治理。（造 6:1）
- 天帝藉人传道，好使天帝灵道活盈世界。（造 6:2）
- 人按天帝灵道指引，繁衍生息，起居有序。（生 1:1）

3. 天帝超然在上，并不袖手旁观

- 天帝不尽言尽为，使人发挥治理。（造 6:2）
- 天帝看着为好，即隐去歇息，使人以身载道。（生 1:1）
- 天帝超然在上，专注默视，并不袖手旁观。（造 6:2）

五、人的天命

1. 男人与女人

- 天帝将初人从中分开，由一为二，一半为男，一半为女。（造 3:1）
- 平日男女分处，惟男女复合方成完人。（造 3 :1）
- 男人女人分处，实为整人裂分，故日夜痛苦。（造 3:2）
- 天帝使人心有苦楚情爱，人心异于兽畜之心。（造 3:2）
- 男人女人互为骨肉，互补气血。（造 3:2）
- 气通血合者，互视如己，可一见倾心，如胶似漆。（造 3:2）
- 气血不合者，会排斥争斗，纵体合而心难合。（造 3:2）

◆ 气通血合者，亦为分而复合，故难至一体如初。（造 3:2）

◆ 男女分处之人，实为天地中人，非天帝终人。（造 3:1）[①]

---

①《两界书》卷二“造人”讲述：人类概分“初人”“中人”“终人”三个阶段。“初人”如前注。对“初人”一分为二,一半为男、一半为女，即将人再造为“中人”(“复人”形式)。“终人”是人类下一个演进阶段，具有未定性，这种神话预言式的认知，留下人类发展的未解命题。

（中人图：男与女）

2. 道消隐，顽疾出

- 道消隐，顽疾出。（生 1:1）
- 人身道欲相叠，却未得交融。（生 1:1）
- 众人滥行心力，心中无主，自以为大。（生 1:2）
- 双目虽开，然不视头上有天，脚下有地。（生 1:2）
- 心智虽聪，然不识天高无及，地厚几深。（生 1:2）

3. 得一进二，得二进三

- 众人开口不闭，婪得无厌，能食者尽食。（生 1:2）
- 始由口婪，进而心贪。（生 1:2）
- 得一者进二，得二者进三，能得尽得，欲壑不填。（生 1:2）
- 众人懒于劳作，溺于淫欲，男女交合没了没完。（生 1:2）
- 善始者常不善终，善终者常不善始。（生 3:1）
- 所造之人常以悖逆为习，多以纵欲为性，尤以自大、贪婪、懒惰为顽疾。（生 3:1）

4. 人皆有命，各自修为

- 天帝决意为人定命数，使人有生而不得永生，有死不至即死。（生 3:1）
- 人皆有命，命皆有数，命数不一，各自修为。（生 3:1）
- 人皆有生，生皆有死，生死有序，命有定数。（生 3:1）
- 人以繁衍而嗣后，致生有所延，代有所续，道有所传（生 3:1）。
- 天帝为人设命格，使人各有其命，命有法式，各人不致尽同。（生 3:2）
- 一人一命数，一人一性情，一人一命格。（生 3:2）
- 命格内蕴气血，外显面征，暗藏指纹，天下众生纵万千无数，不致雷同。（生 3:2）

5. 有能而无致，有生而无恒

- 天帝为人设能限，所造之人，以目观物，可知远近，可明大小，然不可尽观尽知尽明。（生 3:3）
- 以耳闻声，可穿黑暗，可越墙磊，然不可尽闻尽穿尽越。（生 3:3）
- 以心游意，可往来时世，可逾空界，然不可尽游意尽往来尽逾界。（生 3:3）
- 现界中人，有能而无致，有生而无恒。（生 3:3）
- 天帝为人定生途，以灵道为引，肉躯为载。（生 3:4）
- 灵肉相合相通，方可强命力，延命数，顺命格，享生乐。（生 3:4）
- 初人之后为中人，中人之后为终人。（生 3:3）

6. 为生而乐，向死而舞

- 人生在世，匆如来风，死如枯芥。（问 3:5）
- 本从黑暗来，复归黑暗去。（问 3:5）
- 生程乃死途，死途通再生。（问 3:5）
- 生为死之始，死为生之启。（问 3:5）
- 生弥珍贵，生当乐生。（生 3:4）
- 死为归途，万众所同。（生 3:4）
- 为生而乐，向死而舞。（生 3:4）

六、人的分族

1. 各自立族，分处生息

- 天帝有意决，多人簇拥一处不好，可各自立族，分处生息，繁衍壮大。（分 1:1）
- 七族飘散各地，万物随风吹落。（分 2:1）
- 同族宗地失，分族祖地生。（分 2:2）
- 各族靠山食山，依水食水。（分 1:2）
- 食山者须养山，食水者须养水。（分 1:2）
- 不可尽食贪食，方能长食足食。（分 1:2）
- 山水总相依，有者可互通。（分 1:2）

2. 语因族异，道统不一

- 语因族异，言因人别。（分 9:2）
- 言语发于心，声于口，书于符，达于人。（分 9:2）
- 世上各族，道统不一。（问 3:6）
- 有崇黑弃白，有崇红弃绿。（问 3:6）
- 有朝南圣拜，有朝北祈福。（问 3:6）
- 有尊日为神，有拜月为圣。（问 3:6）

3. 雅族教规

- 以教立心制魔，以道扬善驱恶。（立 17）
- 雅人后代须孝敬父母。（立 6:1）
- 雅人后代不可与异族通婚结合。（立 6:1）
- 雅人后代不可乱交。（立 6:1）
- 雅人后代不可杀人。若外族人先杀雅人则在例外。（立 6:1）
- 雅人后代不可偷窃。（立 6:1）
- 该你所得可得，非你所得勿得。（立 6:1）

4. 函人教规

- 函人子孙须孝敬父母。孝敬年长之人。（立 9:1）
- 函人须多多生子。须让子孙遍满全地，以防再有天灾降临。（立 9:1）
- 函人不可乱交。不可同牲畜、走兽交合。（立 9:1）
- 函人不可杀人。杀人须以命偿命。（立 9:1）
- 函人不可偷窃。（立 9:1）

5. 希人教规

- 雨神为希人族神。希人无论何时何地，皆须尊崇雨神。（立 12:2）
- 希人以头裹蓝带为记。外为身记，内为心记，为雨神喜爱。（立 12:2）
- 希人须勤苦劳作。雨神奖赏勤勉之人，降福自食己力之人。（立 12:1）
- 希人须孝敬父母。上无父母，何来己身，何求子孙？（立 12:2）
- 希人不可与外族之人交合通婚。希人男子不可娶外族女子，希人女子不可嫁外族男子，不可杂乱希人血脉。（立 12:2）
- 希人不可乱交。（立 12:2）

- 不可与牲畜禽兽乱交。（立 12:2）
- 希人不可吃水中鱼虫。水为雨神所赐，水中鱼虫为雨神圣物，得雨神之顾。（立 12:2）

6. 布人教规

- 布人要尊奉布帝诫命。从善弃恶，不可趋恶欺善，纵使恶是强大，善是弱小，欺善必遭天罚。（立 14:1）
- 布人要行正道。（立 14:1）
- 行正道子孙繁多，浩浩荡荡，有序有列，不致拥挤倾轧。（立 14:1）
- 布人若行邪道，子孙愈走愈少，纵三五之人，亦会你砍我杀，地容不下。（立 14:1）
- 布人要尊天虎。（立 14:1）
- 布人要击杀恶兽。（立 14:1）

7. 普罗教规

◆ 普罗教尊崇仁爱。（立 18:4）

◆ 凡尊崇万能天帝者皆须仁爱待人，彼此互为兄弟姐妹，不分贫贱，无分族类。（立 18:4）

◆ 人当有福共享，有难共当。（立 18:4）

◆ 普罗教尊崇孝敬。孝敬所有年长之人，无论自家外家。（立 18:4）

◆ 教人不可乱交。（立 18:4）

◆ 教人不可杀人。（立 18:4）

◆ 教人不可偷窃。（立 18:4）

◆ 不可觊觎他人财物，不可不劳而获。（立 18:4）

◆ 该获者当获，非己者莫取。（立 18:4）

8. 教中有教，分中有合

- 各族多有立教，教立万宗。（立 18:4）
- 教中有教，分中有合。（立 18:4）
- 教分万流，终归一道。（立 18:4）
- 合而为正，道通天下。（立 18:4）

七、人的争战

1. 族族相争，教派相对

- 天下族人，同为天生。（争 11）
- 分处异地，水土万千，各不相同。（争 11）
- 天有冷热，地有燥湿。（争 11）
- 劳有渔耕，作有狩牧。（争 11）
- 各族习性渐分，族统渐变。（争 11）
- 天下诸族各执其是，故争拗不断。（问 7:5）
- 天下诸族，各奉族神，各称本族之神为真神。（问 7:5）
- 分族以降，族族相争，未有停息。（争 11）
- 立教以来，教派相对，未有消减。（争 11）

2. 坐山望水，拥水望山

- 众人居山不食山，依水不食水，而尽坐山望水，拥水望山。（争 11）
- 各族皆欲独享眷顾。（问 7:5）
- 天下众生，自大为源，心争为根，物争为本，舍命求多。（争 11）
- 人之生途，族之道统，迢遥曲折，此起彼伏。（争 11）
- 灵道既赋人，冀人以身载道，以灵制欲。（争 11）

3. 天帝何制人，自依人修为

- 天帝既造人，自可制人。（争 11）
- 天帝何制人，自依人修为。（争 11）
- 人自修为，族自承续，何去何从，可续观续望。（争 11）
- 天帝之使无所不在，人间世事了悟尽然。（争 11）

八、理世化民

1. 身有高矮，心有分殊

- 身有高矮，众人绝不均等。（承 13:4）
- 心有分殊，两人不可概言。（承 13:4）
- 人心各异，性情多变，义欲交集，何可言均？（承 13:4）
- 均享者无不心同，均力者无不心异。（承 13:4）
- 均享者，多多益善，少少不愿。（承 13:4）
- 均力者，少少益善，多多不愿。（承 13:4）
- 凡人不圣，人皆此心。（承 13:4）

2. 制、人合适，纲举目张

- 人心未改，制、人不合，难言均享均力。（承 13:4）
- 所言均者，多为形均而实不均。（承 13:4）
- 多力者多享，少力者少享，是为实均。（承 13:4）
- 多力者多享，少力者少享，不力者不享，是为至公至平。（承 14:1）
- 公平者方可适人性、合天道，方可久长。（承 14:1）
- 结网所以捕鱼，制在纲举目张。（承 13:4）
- 纲目有序，纲牢而目隙，其用则适水宜渔。（承 13:4）

◆ 制适人，人适制，制、人合适，方可致用成效。（承 13:4）

◆ 以实均为纲，以形均为目，以力为举，以享为张，力举有度，享张有衡，可致纲举目张，可达理家治世之功用。（承 13:4）

3. 民、国一体，国之可兴

- 国之泱泱，浩大纷纭。（教 9:8）
- 民之芸芸，万千丛生。（教 9:8）
- 民、国一体，国之可兴。（教 9:8）
- 民、国两分，国之必亡。（教 9:8）
- 治国化民，必以国、民相适相合为要。（教 9:8）
- 国、民相适相合，必以治国制式、化民心性为要。（教 9:8）
- 国制、民心相适相合，则天道、人道可适可合，此乃治国化民之至要。（教 9:8）
- 天人合道，地久人长。（承 14:1）

4. 顺势随流，源远流长

- 立心如山，行道似水，族人必将光大昌盛。（承 14:3）
- 顺势随流，必将源远流长。（承 14:3）
- 高水向低，谓之顺势。（承 14:3）
- 东南西北，谓之随流。（承 14:3）
- 何人曾见低水向高，水可逆流？亘古未曾见，天道不可逆。（承 14:3）
- 世人随见水流东南西北，皆因水有定势而无定向。（承 14:3）
- 依势依力依风雨，顺势而随，其自为然也。（承 14:3）
- 族习族规世有所承，代有所传，当因时因地而制，因人因群而宜。（承 13:4）
- 人合天道，地久天长。（承 13:4）

（顺势随流）

九、王道、天道与仁道

1. 王与庶民，有异而大同

- 王与庶民，有异而大同。（教 7:3）
- 异者，王为民之首。（教 7:3）
- 大同者，王与民共生。（教 7:3）
- 上君若无节，下民则无制。（教 7:3）
- 王与民立乎同地，盖乎同天。（教 7:3）
- 无地之撑，岂不悬空随飘？（教 7:3）
- 无天之盖，岂不暴顶成焦？（教 7:3）

2. 上合天道，下合仁道，方成王道

- 民无王道，民成流民。（教 7:4）
- 王无王道，王成流王。（教 7:4）
- 王道非人欲之道，而为人仁之道，即合仁道。（教 7:4）
- 仁者人人，即普济众人，而非一人，亦非少人。（教 7:4）
- 上合天道，下合仁道，普济众生，方成王道。（教 7:4）
- 王道乃成王之道，王之成王，上承天道，下载民意，方成天下民王。（教 7:4）
- 王道合天道，顺民意，天、王、民三合有序，方可国盛民生，王道久远。（教 7:4）

3. 国以民为本，民以食为根，同以道为天

- 国以民为本，民以食为根，同以道为天。（教 7:7）
- 化民治国以敬天道为要。（教 9:4）
- 治国理世化民，道不明则心不亮，心不亮则路不畅。（教 9:4）
- 天道在天，尤在人心，在所不在。（教 7:7）
- 天道之行非一日之功，非一人之心，乃亘古万久之行，普罗万众之心。（教 7:7）

4. 王道之上有天道，王道所立基民心

- 王道行之天下，引之凡民，当知天而晓民。（教 7:5）
- 知天意明天道，王道之上有天道。（教 7:5）
- 晓民意识民情，王道所立基民心。（教 7:5）

5. 天道开启王道，王智开启民智

- 当以天道开启王道，以王智开启民智。（教 7:5）
- 民智升则王道畅，王不崇智，民智何升？（教 7:5）
- 王智有蒙，民智蔽塞。（教 7:5）
- 民智愚顽，王道终不持久续畅。（教 7:5）

十、劳作与工事

1. 日出唤人劳作，月出召人停歇

◆ 天帝使日月轮悬，与人作伴。（生 1:1）

◆ 日出唤人劳作，月出召人停歇。（生 1:1）

◆ 士耕尔织，朝起而作，日落而息，风雨如常。（教 11:1）

2. 智师创符，众人仿效

- 智师创符，众人仿效，逐族相传，遂约定俗成。（承 1:2）
- 天地事项，以连符而表征，连数而推演，经年演进，及至精深。（承 1:1）
- 数数相累，增减依序，律位上阶，可至无穷。（承 1:1）

（智师创符）

3. 天生心，心生意，意生工

- 天生心，心生意，意生工。（エ 1:5）
- 心致意致，意致工致。（エ 1:5）
- 欲得道近天，首须心致。（エ 1:5）
- 心致而意致，意致而工致，工致而可近天。（エ 1:5）
- 心致意致，无所不致，纵星辰云霄，亦可达致。（エ 1:5）
- 心意未致，纵三尺低台，亦超所限，终不可致。（エ 1:5）

4. 工事恶胀，人为器奴

- 百工场内，工事恶胀，天地不胜，人为器奴。（工 7:1）
- 工物暴行，灵道不畅，人性不张。（工 7:1）
- 天地苦忧，天脸灰沉似地皮，地皮病瘠似癞痢。（工 7:1）

十一、人性之初

1. 人之初，性本合

◆ 人之初，性本合。（教 1:2）

◆ 恶有善，善有恶。（教 1:2）

◆ 善恶共，生亦克。（教 1:2）

◆ 心向善，灵之道。（教 1:2）

◆ 身向恶，躯使然。（教 1:2）

◆ 身心合，顺天道。（教 1:2）

2. 人有双面，盖因内有双心

- 面由心生，人有双面，盖因内有双心。（教 2:1）
- 一心向善，一心向恶。（教 2:1）
- 善心以善面向人，恶心以恶面向人。（教 2:1）
- 面变易心变难，因心藏深处，并不见日示人。（教 2:3）
- 人之善恶两心故在，大小因人而异，实难测量。（教 2:3）
- 不同之人，抑或同人之心，亦因时因地而异变，并非恒定。（教 2:3）

（双面人图）

3. 识面易，识心难

- 善面易呈，秉性难改。（教 2:5）
- 时面由心生，由相知心。（教 2:5）
- 时饰面隐心，善恶不辨。（教 2:5）
- 识面易，识心难。（教 2:5）
- 一时识心易，恒久识心难。（教 2:5）

4. 人之为人，在其性变

◆ 人之为人，在其性变。（问 4:7）

◆ 其性不一，阴阳杂合。（问 4:7）

◆ 善恶相融，欲制相交。（问 4:7）

◆ 序而无则，定而无常。（问 4:7）

◆ 恒为世表，异为人本。（问 4:7）

◆ 用人存疑，疑人善用。（教 8:4）

十二、道魔相争

1. 魑魅魍魉，道魔相争

- 恶邪畅行，良正阻滞。（教 7:8）
- 天道掩没，人心污垢。（教 7:8）
- 人之熙熙，甚如猛兽尽出。（教 7:8）
- 骄侈之风暴起，逐物纵欲日盛。（教 7:3）
- 沉溺淫乐，有心无道，唯物是求，人与禽兽何异？（教 7:3）
- 人心无道，随欲任行，如兽放野，所去何方，未可知也。（教 7:4）
- 十指有长短，目力有远近，万众之民，怎可同识天帝？（问 7:6）
- 芸芸众生，善恶辅成。（问 6:11）
- 魑魅魍魉，道魔相争。（问 6:11）

2. 众生芸芸，可化而易变

- 众生芸芸，可化而易变。（教 9:4）
- 灵道隐弱，固而不泯。（生 1:3）
- 灵道行，良人出。（生 1:3）
- 道化所成，人以载道。（命 13:3）
- 有身须有心，有心须有道，身心载道，方可道以引道。（教 7:3）
- 有道引道，人自识途，民自有序。（教 7:3）
- 万民有序，方可有代相传，续持久远。（教 7:3）
- 天道无疆无垠，所以造化万物。（教 7:4）
- 人之道天道所附，合天道人道所归。（问 6:12）

3. 欲水横流，人为鱼鳖

- 人生之初，目视短浅，识硬物而不识天道，识走肉而不晓灵道。（教 9:4）
- 人心无道，欲水横流，人为鱼鳖。（教 9:4）
- 人之别于走肉，盖赖于心有灵道。（教 9:4）
- 世因道生而有序，民因道出而有灵。（教 9:4）
- 以道为纲，日出日落，经纬有序，往复持久。（教 9:4）
- 以道为灵，人之为人，族代交替，尤可持续。（教 9:4）

4. 道之广大，无所不在

- 天道失，世纲损，万物衰，人可外乎？（教 9:4）
- 道不似硬物张目可见，不似走肉唾手可触。惟以天目可视，惟以诚心可悟。（教 9:4）
- 天道存于人心，心有道人有灵。（教 9:4）
- 人有灵道，世维有序。（教 9:4）
- 不计苦乐得失，广播天道大义。（问 5:5）
- 世间繁复，有界而无涯。（教 9:4）
- 天道在上，纵横经纬，无所不遮，无处不至。（教 9:4）
- 道之广大，普天之下无所不在。（教 9:4）

十三、诚信通约

1. 人言无信，类同犬吠

- 人言无信，类同犬吠。（教 7:6）
- 犬吠噪噪，听之罔罔。（教 7:6）
- 人言凿凿，言而无信，岂不与犬吠无异?（教 7:6）
- 人言犬吠无异，岂不人犬无异？（教 7:6）
- 言为心声，言无信盖因心无诚。（教 7:6）
- 言由心出，行由心动。（教 7:6）
- 心若无道，则言无信诚，行无正途。（教 7:6）
- 言无信诚，行无正途，则王道必覆，天道必出。（教 7:6）

2. 人非个人，以约为通

- 人非个人，以约为通。（教 9:5）
- 人无约识，则物易无衡尺，心交无路桥。（教 9:5）
- 约为心桥，有约则通，守约则信，有信则立。（教 9:5）
- 君信须臣信，臣信须民信，民信须君信。（教 9:5）
- 君、臣、民信同约通，国无不立，民无不治。（教 9:5）
- 君、臣、民信悖约滞，各念东西，国则危殆，民行大地，皆成兽虫。（教 9:5）
- 损人者被人损，助人者为人助。（教 6:5）
- 通则守约，信诚以待。（教 6:5）

3. 欺者重罚，违者重赔

- 欺者重罚，违者重赔。（盟 5:5）
- 少者缺一补十，骗者假一补百。（盟 5:5）
- 有福当共享，有难须同当。（承 13:4）
- 不可独食粮谷，不可独吞果蔬。（承 13:4）
- 行事不可疏随，矫偏方可合正，合正方能续长。（承 14:1）
- 有心者尽心，有力者尽力，不可污心偷力，不可盗食贪享。（承 13:4）

4. 与道为约，死可闭目

- 金银无言语，众人拜为主。（盟 6:5）
- 以金为父，以银为母。（盟 6:3）
- 逐之无度，致人迷途，父不父，母不母，人性尽无。（盟 6:5）
- 舍金取义，心向仁义，与道为约，死可闭目。（盟 6:5）
- 心目观道，人行正道。（教 5:4）

十四、仁不离制

1. 人须爱人，以仁为和

- 人须爱人，以仁为和。（教 9:6）
- 修德树仁，苦亦为乐。（命 13:3）
- 以己心及人之心，以己欲及人之欲，即为仁，人可和。（教 9:6）
- 惟己心而罔人心，惟己欲而罔人欲，人则妄为，纵欲逐利，失和而争。（教 9:6）
- 道不离器，仁不离制。（教 9:7）

2. 经国化民，以法为制

- 经国化民，以法为制。（教 9:7）
- 首自制而他制，先官制而民制。（教 9:7）
- 法制利国，厚利庶民，薄利官宦。（教 9:7）
- 族无法不立，国无法不治，人无法不正。（问 7:8）
- 法为族国之纲，亦为万民之主。（问 7:8）
- 世之失序，人之迷乱，皆因法义不明，法行不公，法制不谨。（问 7:8）

十五、识数不迷

1. 十分者为满，满者至反

- 一棵元树三只果，甘辛未知各一颗。两甘一辛好运气，一甘两辛尤常可。（教 11:2）
- 三果两辛以为常，三果两甘实为幸，三果尽甘无可能。（教 11:2）
- 一根扁担两只筐，三个娃儿两边装。挑中挑前也挑后，轻重长短自掂量。（教 11:3）
- 天下世事实皆亦然，十分者为满，满者至反。（教 11:3）
- 凡事十之六七即为常，果物诸事如此，人之善恶吉凶亦不例外。（教 11:3）

（一根扁担两只筐）

2. 识数不迷，世之本义

- 世之本义，乃数数之奥。（教 11:3）
- 世本为数，物本数序，为本数度。（教 11:3）
- 识数不迷，知数不殆。（教 11:3）
- 数数之在，数序之列，为度之比，乃世义至本。（教 11:3）[①]

---

① 此处是要表述世界的本质为“数”，所谓“数数之奥”，即数与数的变化的奥秘；“世本为数”，即世界的本质是“数”；“物本数序”，即物质的本质是“数的序列”（结构）；“为本数度”，即行为的本质是“数的量度”。

◆ 万古而来，大千世界，实乃无生有一，一分二维，二合生三，三衍万物，万物四象，根于五行，行于六说，六说合正，成七归一。（教 11:5）[1]

---

① 此处把数字1、2、3、4、5、6作为演生万数（万物）的基数。“一本”：盖指无中生有，一为万物之本。“二维”：盖指“二为世界成式”，万物皆有二维。“三生”：盖指“三为化异”，三生万物，参阅创三章三节。“四象”：空间范畴指东、西、南、北四方（中国古代有以青龙、白虎、朱雀、玄武四种动物意象为代表）；时间范畴指春、夏、秋、冬四季气象；《易·系辞》指太阳、太阴、少阳、少阴四象：“太极生两仪，两仪生四象”。“五行”：盖指金、木、水、火、土。“六说”：《两界书》卷十二“问道”归纳了六种有代表性的学说，所谓“六说六言”。

3. 万物有对，相辅相成

- 水清无鱼，水混死鱼。（教 11:4）
- 水以土界，土以火生。（教 11:4）
- 火以水界，水以金生。（教 11:4）
- 金以火界，火以木生。（教 11:4）
- 木以金界，金以土生。（教 11:4）
- 万物有对，相辅相成。（教 11:4）
- 生中有克，克中有生。（教 11:4）
- 本化相转，恒异互变。（教 11:4）
- 本中有化，化中有本。（教 11:4）
- 恒中有异，异中有恒。（教 11:4）

十六、灵修养命

1. 欲敲仙界之门，须以现命为砖

- 世有两界，仙凡有别。（命 2:5）
- 仙界一日，凡界十年。（命 2:5）
- 仙界时物难存凡界，凡人凡物难入仙界。（命 2:5）
- 仙凡之间，万里之遥，天壤之隔。（命 2:5）
- 欲敲仙界之门，须以现命为砖。（命 2:5）
- 非有舍命之志，非经灵修之熬，实难成道入仙。（命 2:5）
- 仙界之乐为灵道之乐，不见凡间烟火，难寻佳肴美色。（命 2:5）

2. 仙药非药实为道，仙道非远在心间

- 亘古以降，人之熙熙，劳碌奔忙，无不渴求富贵长生，无不惧畏贫贱终死。（命 3:3）
- 万般心机，千般索寻，实皆枉然。（命 3:3）
- 人多生自凡胎，足立俗地，故欲脱凡胎离俗地实为不易。（命 3:5）
- 芸芸众生，多无从脱俗，实难实不难。（命 3:5）
- 脱俗入仙者，盖因了却俗尘缠牵。（命 3:5）
- 身心净洁，心灯清明。（命 3:5）
- 以心寻道，以身融道，方可得道入仙。（命 2:6）
- 仙药非药实为道，仙道非远在心间。（命 2:6）

3. 心路通，心灯明，命灯长久

- 身出凡胎，心可通灵。（命 3:5）
- 立俗而不俗，肉身俗而心不俗。（命 3:5）
- 心诚以致，可通灵道。（命 3:5）
- 灵道行，心路通。（命 3:5）
- 心路通，心灯明，命灯长久。（命 3:5）

4. 命如悬灯，有油则亮

- 命如悬灯，亦息亦亮；有油则亮，油竭则息。（命 3:3）

- 灯油有度，亮息有时，费心耗神，岂不枉费命灯之油？（命 3:3）

- 灯亮不在大，温固而弥久。（命 3:3）

- 既防燥亮之虚旺，亦防骤风而摧灭。（命 3:3）

- 渴慕肉躯不腐，命性使然，世人皆同，尤以权贵为甚。（命 3:4）

- 权贵冀以灵草为命油，然遍寻山海，无处可寻。（命 3:4）

- 冀以金银易命油，然命油非物，故无物可易，反因心机耗费，恶损命油。（命 3:4）

- 命油之源首在父母，故人须孝敬父母。（命 3:4）

- 命油之源次在灵修，盖因命之所损，无外修身不善，邪毒入身。（命 3:4）

（命如悬灯）

5. 邪毒入身有四径

- 邪毒入身有四径，或从口入，或从肤浸，或从心进，或由心自生。（命 3:4）
- 至烈者当为心毒，心毒无形而有迹，有迹而不视，不视故难御。（命 3:4）
- 心毒所至变乱理脉，阻滞气络，命油不畅而自枯竭。（命 3:4）
- 心毒既可外侵，亦可自生，故须御外固内。（命 3:4）
- 固内者亦为御外，御外者亦助固内，两相辅成。（命 3:4）

6. 心灯明亮，命灯长久

- 故欲长生延年，务须保全己身。（命 3:5）
- 保全己身，首以保全己心为要。（命 3:5）
- 己心保全，心路畅通。（命 3:5）
- 心路畅通，心灯明亮。（命 3:5）
- 心灯明亮，命灯长久。（命 3:5）

7. 三灯齐映，灵魂不朽

- 昼有日灯，高天生辉，世界光亮，万物有生机。（命 3:6）
- 夜有月灯，大地安详，黑暗不迷，众生得生息。（命 3:6）
- 人有心灯，灵肉相适，阴阳相宜，天地人相合。（命 3:6）
- 心灯点亮，三灯齐映，与日月同光。（命 3:6）
- 人心有天光，肉身长久，灵魂不朽。（命 3:6）

8. 道行相辅，可添命符

- 阴阳有界，天地有道。（命 4:5）
- 天人合道，道远无疆。（命 4:5）
- 天人悖道，天存人亡。（命 4:5）
- 天道在心，化外在身。（命 4:5）
- 修身成道，行以载道。（命 4:5）
- 道行相辅，可添命符。（命 4:5）
- 道行相悖，肉身立腐。（命 4:5）

十七、命运否泰

1. 事有前因，必有后果

- 心私至重则恶，心恶自结恶果。（命 5:3）
- 冀以恶心藉善种，恶田得善果，岂非痴妄？正可谓种瓜得瓜，种豆得豆。（命 5:3）
- 事有前因，必有后果。（命 5:3）
- 因果天定，实难变违。（命 5:3）
- 善种在心，不在外物。（命 5:3）
- 善心之种乃为真种，真种方结真果。（命 5:3）

2. 天道有恒，人无定运

- 天有天道，人有人运。（命 6:7）
- 天道有恒，人无定运。（命 6:7）
- 命定有数，数不尽数。（命 6:7）
- 数度有变，运迹无痕。（命 6:7）

3. 命运否泰，一线之间

- 否极泰来，泰久否至。（命 6:7）
- 力合天道，大泰小否。（命 6:7）
- 平衡否泰，不可极尽。（教 6:7）
- 泰顺勿可忘形，否泰一线之间。（命 6:7）

4. 万物有始，必定有终

- 万物有始，必定有终。（命 3:3）
- 终即始，始即终，始终本一。（命 3:3）
- 地上之人，无论富贵贫贱，各有其命，命有其数。（命 6:8）
- 地上活物，无论居于何方，共有同命，命有其数。（命 6:8）
- 物有起始，必有其终，恰如日有东升，必有西落。（命 6:9）
- 升为落之始，落为升之终。（命 6:9）
- 凡界为俗尘所障，眼之所见，止为象观，心之所往，止为相端。（命 3:3）

十八、警世乌托邦

1. 异象丛生[①]

- 末日终将至，可期不可预。（命 6:9）
- 生始有启因，灭终有其缘。其迹可寻，其征可见。（命 6:9）
- 异象丛生，积多为征。（命 6:9）
- 风雨来临蚁上树，屋宇将覆鼠先逃。（命 6:9）
- 羊无灵道，不识人语。（命 13:1）
- 人无灵道，不识天谕。（命 13:1）

---

① 警世乌托邦，即反乌托邦（anti–utopia），与乌托邦塑造理想世界、美好未来相反，警世乌托邦通过塑造某种恐怖、黑暗、可怕的未来图景，来警醒人的现世行为，对人作出劝诫。

2. 天象变乱

- 那日将至之时，天有铁幕蔽遮，白昼不见日头，只有乌云飘浮。（命 7:1）
- 蓝天变色灰天，空中弥散硝烟。（命 7:1）
- 怪味四处发出，地窍日夜生烟。（命 7:1）
- 日头当空之时，突被天狗吞食。（命 7:1）
- 太阳不止一个，东西南北并出。（命 7:3）
- 日中有黑鸟，忽进忽出。（命 7:2）
- 黑鸟似啄食，日头出缺失。（命 7:2）
- 圆日不圆，豁口烂边。（命 7:2）
- 日头高悬之际，大雨倾盆而降。（命 7:3）

- 雨水鲜红似血，又似黄砂泥浆。（命 7:3）
- 流火之月，有冰雹倾砸，雹大如鸡卵。（命 7:3）
- 冬日不见片雪，大雪飘在春夏。（命 7:3）

（太阳不止一个）

3. 昼夜失序

- 白昼瞬变黑夜，伸手难见五指。（命 7:2）
- 白昼点灯，夜晚光亮，昼夜颠倒，交替失序。（命 7:2）
- 白昼高悬月亮，黑夜冒出太阳。（命 7:2）
- 月亮忽东忽西，太阳忽下忽上。（命 7:2）
- 太阳被缚，月亮被绑。（命 7:2）
- 或高悬静止，或不升不落。（命 7:2）

4. 怪象迭出

- 有冲天水龙海底窜出，高飞万丈。（命 7:4）
- 有漫天风龙平地而出，呼啸扶摇，携卷人畜，屋宇搬家。（命 7:4）
- 大鸟硕大可驮人畜，立马不见踪影全无。（命 7:4）
- 天空有爆响，似雷非雷。（命 7:4）
- 云端有怪象，似兽非兽。（命 7:4）

5. 地象变易

- 陨星坠落，跌入大海，海水淹没陆地。跌入陆地，击穿万丈深渊，有火岩迸出，满地黑烟。（命 8:1）
- 地势变换，形貌变易。（命 8:1）
- 高山易为大海，大海耸成高山。（命 8:1）
- 小岛不见，大岛消沉。（命 8:1）
- 地表稀松，有无底大洞冒出，一个连着一个，十个连成一片。（命 8:1）

6. 怪虫涌出

- 地下有巨蟒窜出，巨蟒率子孙万千，横行乡里市井，侵占民居屋舍。（命 8:2）
- 黑鳄爬出河道，毒蝎两旁侍卫，旁若无人，招摇过市。（命 8:2）
- 蚯虫从地土钻出，无处不在。除灭一个，衍生千万，缠满床腿树干。始时细如鞋绳，三日之后大如牛尾，忽白忽红忽绿忽青。四处哇哇嚎叫，昼夜不见停息。（命 8:2）
- 有毒蜂由地而出，从天而降，遮天蔽日，雨打不透。（命 8:2）
- 大蜂壮如鸵鹰，小蜂细如蚊蝇，见人即蛰咬。男女老幼抱头逃窜，只恨上天无路入地无门。被蛰男女倒地不起，轻者三日归西，重者当场立亡。（命 8:2）

7. 旱涝并行

- 连日干旱无雨，河沟开裂。（命 8:3）
- 湖底长草，牧羊行马。（命 8:3）
- 木舟装车轮，河床建茅舍。（命 8:3）
- 连日雨注不止，洪水泛滥。村落被淹没，小屋成浮舟，人畜入河泥。（命 8:3）

8. 果粮不常

◆ 梨树八月开花，桃树结出青枣。（命 8:4）

◆ 李子长成角豆，味同青榄苦瓜。（命 8:4）

◆ 夏枣长成吊瓜，石榴变成葫芦。（命 8:4）

◆ 玉米长出红豆，绿豆开出棉花。（命 8:4）

◆ 麦子味如淤土，稻谷味如石蜡。（命 8:4）

◆ 一树结出八果，酸甜苦辣皆有。（命 8:4）

◆ 树根往上，露在土外。（命 8:4）

◆ 树梢倒长，埋入土中。（命 8:4）

◆ 谷果变异，翻倍暴涨。（命 8:4）

◆ 人食变异，奔向终人。（命 8:4）

9. 地象怪异

- 地火从山顶冒出，白烟从山腰下流。（命 8:5）
- 发红泥浆四处奔涌，漫延之处草木立焦。（命 8:5）
- 硫烟弥散大地，人畜闻到不萎即腐。（命 8:5）
- 海水不蓝不绿，非红即黄。（命 8:5）
- 河水不清不澈，非黄即黑，酸咸腥臭，鱼虫不生。（命 8:5）
- 水往倒流，百川纳海。（命 8:5）
- 海虫飞到陆地，山鸟飞入深海。（命 8:5）
- 陆人海底筑舍，又欲云中做家。（命 8:5）

10. 怪物层出

- 母牛生出绵羊，绵羊生出花狗。（命 9:1）
- 硕鼠大过黑猫，公鼠哺乳幼猫。（命 9:1）
- 马脸似牛，牛脸似猪。（命 9:1）
- 或眼鼻朝后，或一身两头。（命 9:1）
- 或短缺一腿，或多长一蹄。（命 9:1）
- 尾巴长在腰上，断腿长在股上。（命 9:1）
- 孔雀不再长羽，光身尽见皮肉。（命 9:1）
- 黑猪不长鬃毛，双肋冒出羽翅。（命 9:1）
- 日有怪物生出，似马如牛，似牛如猪，似猪如狗，似狗如猴。（命 9:1）
- 怪物层出，数不尽数，不活三日随即消亡。（命 9:1）

（马脸似牛 牛脸似猪）

11. 本能颠倒

- 公鸡生蛋，母鸡啼鸣。（命 9:2）
- 鸡不分公母，鸭不会游泳。（命 9:2）
- 山羊不能登山，猎犬不再奔跑。（命 9:2）
- 高马跑不过母牛，公牛拉不动木车。（命 9:2）
- 羊不再吃草，牛不再出奶。（命 9:2）
- 奶牛挤出黄尿，母羊挤出狗血。（命 9:2）
- 兔子跑不过乌龟，大象被蚂蚁吃食。（命 9:2）
- 老虎不长牙齿，犬狗见猫即逃。（命 9:2）
- 老鼠中意野猫，猪狗熊牛一家。（命 9:2）
- 狗不识主人，向亲人狂吠，随陌人回家。（命 9:2）
- 斑马变成河马，河马变成象牛。（命 9:2）
- 河马出没沙漠，骆驼下海泛游。（命 9:2）

12. 男女性变

- 男人不喜女人，多喜男人。（命 10:1）
- 女人不喜男人，多喜女人。（命 10:1）
- 男人与男人一起，如同男人与女人一起。（命 10:1）
- 女人与女人一起，如同女人与男人一起。（命 10:1）
- 人与牲畜家禽媾合，生出非人非畜之物。（命 10:1）
- 人与自己婚配，自己作夫作妻。（命 10:1）
- 宁与尸骨交欢，不与活人交合。（命 10:1）
- 宁与死皮交欢，不与活人交合。（命 10:1）

- 女人长胡须，男人大乳房。（命 10:1）
- 女人声如洪钟音如闷雷，男人声如黄莺细如雏鸟。（命 10:1）

13. 怪胎层出

◆ 那日将来之际，女人多生怪胎。（命 10:1）

◆ 有三头六臂，有缺头少臂。（命 10:1）

◆ 有男婴貌似牛娃，有女婴身如鲵鳗。（命 10:1）

◆ 有眼睛长在头后，有嘴巴竖在额前。（命 10:1）

◆ 女人生子不用男人，男人生子不用女人。（命 10:1）

◆ 生出幼子身如蛆虫，生出幼女貌似果蝇。（命 10:1）

◆ 男婴女婴不生，以此为好。（命 10:1）

14. 人自生变

- 长人极长，短人极短。（命 10:2）
- 胖人极胖，瘦人极瘦。（命 10:2）
- 瘦者长大头，大如木鼓泥缸。（命 10:2）
- 胖者长细腿，细如蜘虫鸵鸟。（命 10:2）
- 满街之人，肚大似盘轮，绵软如蛆虫。（命 10:2）
- 手臂不能挥斧，腿脚不能登坡。（命 10:2）
- 满街之人，上牙脱落，愈来愈少；下牙多长，愈来愈大。（命 10:2）
- 满街之人，大头似悬瓜，颈项如游丝，风吹即断落。（命 10:2）

- 满街之人，要么粪门不开，尿门不合，要么尿门不开，粪门不合。（命 10:2）
- 满街之人，木讷似呆瓜，迟钝如泥牛，皮厚赛黑猪，骨软似蛆虫。（命 10:2）

（瘦者长大头　胖者长细腿）

15. 婴儿说话行走

- 至微小虫肉眼不见，钻进男人女人体内。（命 10:2）

- 滋生冷热怪病，致人冷如冰冻，热如火烤，反复两次，即丧性命。（命 10:2）

- 小虫说来就来，说去就去，隔三差五，人心惶惶。（命 10:2）

- 两岁女婴体如生母，三岁男童性胜生父。（命 10:2）

- 生母变女婴，生父似男童。（命 10:2）

- 男婴生下直立行走，女婴生下开口说话。（命 10:2）

- 婴儿啼鸣似唱歌，成人吟歌如哭嚎。（命 10:2）

16. 食无原食，居无静所

- 众人不食粮谷，专食古怪罕物。（命 10:3）
- 甚以人肉为佳肴，更以粪便为大补。（命 10:3）
- 毒液变为调汁，砒霜变为拌料。（命 10:3）
- 食无原食，居无静所。（命 10:3）

17. 生息悖序

- 多人终日嗜睡，从天亮到日落，从日落到日出。（命 10:4）
- 多人终日无眠，从日落到日出，从日出到日落。（命 10:4）
- 生息悖序，昼夜颠倒。（命 10:4）
- 日出歇息，缩卷不出。（命 10:4）
- 日落劳作，黑夜不眠。（命 10:4）
- 白昼遮阳蔽日，夜晚点灯造光。（命 10:4）

18. 人为器奴

- 聪智乖巧至极，人无片刻宁静。（命 10:5）
- 下可入地万丈，上可登天造屋。（命 10:5）
- 众人无力固广厦，一人弹指毁万屋。（命 10:5）
- 人造万能工器，工器造出活人。（命 10:5）
- 男女不随天定，工器随意造人。（命 10:5）
- 人为工器造主，又为工器之奴。（命 10:5）
- 死物摆布活人，活人无觉无策。（命 10:5）

19. 男人不再知耻，女人不再识羞

- 男人不再知耻，女人不再识羞，
  满街男女赤裸奔跑。（命 10:6）
- 男人似牲畜，随地高举阳器。（命 10:6）
- 女人妖作祟，羞处张开示人。（命 10:6）
- 七十岁男人吮二十岁女人奶汁，
  二十岁女人争做七十岁男人后妈。（命 10:3）
- 兄弟不亲，父母不认。（命 10:6）
- 爷孙辈分不分，血缘伦常乱淆。（命 10:6）
- 夫妻同枕异梦，邻里掘井设坑。（命 10:6）
- 众人日夜倾轧，只盼他人死光。（命 10:6）

20. 人无定性，心无坦诚

- 人无定性，心无坦诚。（命 10:6）
- 一忽变人，一忽变鬼。（命 10:6）
- 口出甜言，胜似鲜蜜。（命 10:6）
- 心藏诡计，险毒似蝎。（命 10:6）
- 无话不假，流言盛行。（命 10:6）
- 真人说假话，假人说真话。（命 10:6）
- 真假不辨，善恶不分。（命 10:6）
- 习非成是，谬以为常。（命 10:6）
- 谎言可赚千金，诚仁不值一文。（命 10:6）
- 窃贼满地，男女不分。（命 10:6）
- 贼人足不出屋，行窃千里之外。（命 10:6）

21. 以金为拜，心无神明

- 心无神明，止有霉菌。（命 10:7）
- 以金为拜，胜过爹娘。（命 10:7）
- 利己之欲，毫发可察，鼠洞可进。（命 10:7）
- 利人之事，遮目不见，举手不劳。（命 10:7）

22. 心饥无食粮，魂游无居所

- 公义失踪，黑白颠倒。（命 10:7）
- 尊黑为白，尊白为黑。（命 10:7）
- 口是心非，表里不一。（命 10:7）
- 崇邪尚黑，结党营私。（命 10:7）
- 心饥无食粮，魂游无居所。（命 10:7）
- 邪说叠起，恶魔主心。（命 10:7）
- 拜死石朽木为神，崇歪腔邪调痴迷。（命 10:7）
- 心慌慌空身似皮囊，乱寻主自欺欺世人。（命 10:7）
- 失心失灵不止，失气失血不停。（命 10:7）
- 如犬狂噪失言语，如猫叫春失节制。（命 10:7）

23. 基化因变，心塞意乱

- 男女合性，阴阳不辨。（命 10:8）
- 基化因变，心塞意乱。（命 10:8）
- 烈光穿地，地脉断裂。（命 10:8）
- 地气紊乱，地心流血。（命 10:8）
- 大地暴散，浮尘漫天。（命 10:8）

24. 日子短暂，忽如落石

- 四季颠倒，春后为冬，冬后即夏。（命 11:1）
- 春日万物凋零，冬日老树发芽。（命 11:1）
- 腊月不穿衣，酷暑披大袄。（命 11:1）
- 三更出日头，日升匆急落。（命 11:1）
- 日子短暂，忽如落石。（命 11:1）
- 年短似一日，百年逝如一月。（命 11:1）
- 时灯急燃，光油急耗。（命 11:1）
- 时光将耗尽，万物即静止。（命 11:1）
- 见时序延展，归于死寂默息。（命 11:1）

25. 远空急聚，间离混乱

- 远空急聚，间离混乱。（命 11:2）
- 咫尺远过千里，天涯近在眼前。（命 11:2）
- 时序不维，空序不再。（命 11:2）
- 高山不高，深渊不深。（命 11:2）

26. 万有归无，无蕴万有

- 万有归无，无蕴万有。（命 11:2）
- 有无无间，复归一元。（命 11:2）
- 巫信智悟，终以异终。（命 6:11）
- 异终为始，新纪开启。（命 6:11）

十九、喜乐世界

1. 悲喜两向，天人共为

- 道统天下，天地二分。（命 13:3）
- 天水同源，多有流变。（命 13:3）
- 大河分流去，路途有南北，怎可一路道尽？（命 13:3）
- 悲喜两向，或悲或喜，天自有取。（命 15:3）
- 天之所取，赖人所为，天人共为。（命 15:3）

2. 喜乐世界，小鸟欢歌

- 蓝天白云，小鸟欢歌，大雁飞翔。（命 14:1）
- 白鸽成群结队，鹊雀雌雄成双。（命 14:1）
- 青山绿水，牛羊吃草，骏马喜奔。（命 14:1）
- 鸭鹅水中嬉戏，猫狗岸边追跑。（命 14:1）
- 雄狮结伴羔羊，躺卧一堆。（命 14:1）
- 猛兽携牵雏羚，亲同家人。（命 14:1）
- 羔羊以母狮为奶，哺乳长大。（命 14:1）
- 猛兽以雏羚为子，舔舐抚爱。（命 14:1）

3. 天下邪恶尽除，良善布满人间

- 哑巴可说话，聋子会唱歌。（命 14:2）
- 瘸子擅跳舞，瞎子能赏花。（命 14:2）
- 人皆有美食，众皆有安榻。（命 14:2）
- 世人不分你我，亲如姐妹兄弟。（命 14:2）
- 刀枪熔炼，铸造犁锄，干戈尽化玉帛。（命 14:1）
- 天下邪恶尽除，良善布满人间。（命 14:1）
- 仁爱无垠，天道无疆。（命 14:2）
- 天上升彩虹，地下有灵塔。（命 15:1）
- 虹塔相联，天地无间。（命 15:1）

- 天光现，帝坛出。（命 15:2）

- 四海之中大地之央，天帝大坛巍峨耸立，辐辏外延，周至满地。（命 15:2）

（天光现　帝坛出）

4. 天南地北，实为一家

- 万族交合，复归一族。（命 15:2）
- 你中有我，我中有他。（命 15:2）
- 天南地北，实为一家。（命 15:2）
- 普天之下，万众同生。（分 10:2）
- 普罗众生，万变不离其宗。（问 7:7）
- 大千世界，九九归一。（问 7:5）

5. 甘露均润众生，粮果不偏一族

- 万语交合，复归一语。（命 15:2）
- 语简如符，言简似乐。（命 15:2）
- 异人同语，无师共通。（命 15:2）
- 天帝甘露均润众生，粮草果蔬不偏一族。（分 10:2）
- 有者均天下，无者天下均。（教 6:5）
- 一人独乐，二人从乐，三人众乐，万众共舞共乐。（命 15:2）

二十、人的修为

1. 依约而生，各得其所[1]

- 天帝造万物，人为其一。（问 3:2）
- 芸芸众生，各为其一。（问 3:2）
- 天帝所造，皆有天约。（问 3:2）
- 依约而生，各得其所，适所而在。（问 3:2）
- 天帝与人有约，孜孜眷顾于人，循循启导于人。（问 4:2）
- 人得天眷天启，走正道，行善举，进天国。（问 4:2）

---

①此处往后摘录了《两界书》中各种不同思想学说对世界、人生的认知，可相互比照阅读，不拘于个别语句。

2. 蛛有织网，人皆不孤

- 蛛有织网，人皆不孤。（问 3:3）
- 上有父母，下有子女，上须尽孝道，下须嗣后人，春去秋来，亘古未变。（问 3:3）
- 人之所生，当别于畜牲。（问 3:3）
- 畜牲独觅食，人当共享之。（问 3:3）
- 众为人所依，群为人所托，仁为人所在。（问 3:3）
- 己悦者及人之悦，己恶者及人之恶。（问 3:3）
- 临崖者警之扶之，临火者惕之护之。（问 3:3）

3. 仁者为人，可辨善恶

- 人害羞知耻，可辨善恶。（问 3:8）
- 人以群居，亲情难舍，伦理有序。（问 3:8）
- 仁者为人。（问 4:3）
- 仁者心有他人，非止己人。（问 4:3）
- 己爱及人之爱，己恶及人之恶。（问 4:3）
- 人知伦理，能辨善恶，可识美丑。（问 4:3）
- 人有自省，可克己制欲。（问 4:3）

4. 人依理据，可明是非

- 昔有解廌，可明是非，可辨曲直，故生而依理，行而依据。（问 3:4）
- 人有灵道，尤须明是非，辨曲直，依理据。（问 3:4）
- 众而有序，群而有伦，不致利欲所驱，不行禽兽之为。（问 3:4）
- 人循法知理，互有通则。（问 4:4）
- 国有法，族有规，上下尊卑，左右第次，延演有序，排置有列，以致由小及大，由弱积强，由蒙至明，由蛮至文。（问 4:4）
- 人之异于禽兽，在于人循法遵理。（问 4:4）

（解廌图）

5. 恒皆为表，异则为本

- 人总以己心，测度天地万物。（问 3:6）
- 人总以己心，测度诸族异人。（问 3:6）
- 人总以己心，测度芸芸众生。（问 3:6）
- 人总以己心，测度生死本义。（问 3:6）
- 世上无物有恒，恒皆为表，异则为本。（问 3:6）
- 异以恒表，恒以异宗。（问 3:6）

6. 异中可为，要在人为

- 万事不可断定，人生不得终解。（问 3:6）
- 以恒尺测度流水，流水有涨有落，有缓有急。（问 3:6）
- 以恒念测度人心，人心有善有恶，有明有暗。（问 3:6）
- 异中可为，顺天行道，要在人为。（问 4:8）

7. 感天知地，依道而生

- 人之为人，岂能成虫鸟，岂能成豸犬，岂能成烟云？（问 3:8）

- 人感天知地，敬畏天神，克己自省，趋致文明。（问 3:8）

- 日有升落，月有明暗，上有天穹，下有大地。人居其间，既为万物灵长，亦为时空所制，惟天地灵道，运行无间。（问 3:8）

- 人之所生，肉身似禾苗，春发夏长秋实冬亡。（问 3:8）

- 心魂似幽灵，以身为居舍，昼夜附体，驱之不去，游思不息。（问 3:8）

- 盖因道之所引，方使身心合一，灵有所依。大千世界，芸芸众生，方能沌中有清，混中有序。（问 3:8）

- 人依天道而生，皆为天命使然。（问 3:9）

8. 人由恶化善，故抑恶扬善

- 人本之初，善恶固存，混而为一，如天地互应，似昼夜交替。（问 4:8）
- 无天则无地，无昼则无夜，无恶则无善，无欲则无制。（问 4:8）
- 无恶善无欲制则无人。（问 4:8）
- 人之所在，皆善恶并存，扬善弃恶，虽人心所好，然非人行所好。（问 5:5）
- 扬善弃恶，非人人共为，亦非人人共时共为。（问 5:5）
- 人之为人，在其性本善恶而由恶化善，欲制交合而抑欲从制。（问 4:8）
- 人知羞向美，故遮丑显美。（问 4:8）
- 人知恶向善，故抑恶扬善。（问 4:8）

9. 君子行道，路有犬吠

- 君子行道，路有犬吠。（问 5:2）
- 君子多招小人，小人多使阴招。（问 5:5）
- 小人趋利，如蝇叮粪，驱之不离。（问 5:5）
- 君子固义，如犬护主，饥之不弃。（问 5:5）
- 君子尤似风中之松，经摧打而不折，历雨濯而弥坚。（问 5:5）

（君子行道　路有犬吠）

10. 仁德之道恰如山棘之路

- 欲为大树，不与芥争。（问 5:5）
- 仁德之道恰如山棘之路，多受荆棘乱石之阻，常遇沟壑陡崖之滞，甚遭豺狼野兽之扰。（问 5:2）
- 有山即有棘，有善即有恶，山棘相伴，善恶共生。（问 5:2）
- 行善得善乃人之所愿，行恶得恶亦人之所愿。（问 5:2）
- 然世事难料，善恶搏挣，万事难如人愿。（问 5:2）

（仁德之道恰如山棘之路）

11. 心正则目清，目清则视洁，视洁则生善

- 善恶有报，常显因果不应。（问 5:6）
- 行善道反得恶果，行恶道反享善果，时而有例，不足为奇。（问 5:2）
- 尤当善行未得善报，人心愈须守正。（问 5:3）
- 心正则目清，目清则视洁，视洁则生善。（问 5:3）
- 心邪则目污，目污则视秽，视秽则生恶。（问 5:3）

12. 人之为人，德行兼备

- 人之为人，德行兼备。（问 5:9）
- 配位顺势，适时合运。（问 5:9）
- 德不配位，必有灾殃。（问 5:9）
- 行不顺势，必有灾害。（问 5:9）
- 谋不适时，必有逆违。（问 5:9）
- 事不合运，必有乖蹇。（问 5:9）
- 德行兼备，必有大成。（问 5:9）
- 时运兼备，必成宏图。（问 5:9）

13. 位势相适，时运自备，天道必报

- 德行位势相配，谋事时运相适。（问 5:9）
- 依天道修德修为，依时运谋事行事。（问 5:9）
- 不为享欲所动，不为恶苦所摇。（问 5:9）
- 位势相适，时运自备，天道必报。（问 5:9）
- 道传天下，造福万民。（问 5:10）

14. 世不离道，道不远人

- 大道之行，浩荡无痕。（问 5:8）
- 天有日月交替阴晴变换，地有山川起伏万物竞生。（问 5:8）
- 世间万物，不出天地之间。（问 5:8）
- 万物相效，不出天道之行。（问 5:8）
- 天道人间，大道亘古不变。（问 5:8）
- 人顺天道，天行人道。（问 5:8）
- 天道人道相统，天下人间无争。（问 5:9）
- 天启而心开，心开而道行，道行而路通。（教 9:9）
- 世不离道，道不远人。（问 5:8）

二十一、善恶相报

1. 善恶相报，报有其时

- 善恶相报，报有其时。（问 5:6）
- 春月播种，秋时收果。秋时未至，何来所获？（问 5:6）
- 大千世界，风雨春秋，早收迟收，丰收荒收，实在变中有常，常中有变。（问 5:6）
- 朝有日出，虽有云遮而不至日没。（问 5:6）
- 夜有月现，虽有缺损而不至月亡。（问 5:6）
- 日月有变，天地有化，然不改亘古之恒。（问 5:6）

2. 世人多有不知，报分前报终报

- 物有千态，世有万变，厚道之人反得恶果，薄道之人反享美果，祸福相依，俗生常态，何足为怪？（问 5:8）
- 然世人多有不知，报分前报终报。（问 5:6）
- 前报非终报，终报非前报。（问 5:6）
- 前报先来报果轻，终报迟来报果重。（问 5:6）
- 莫因前报而生疑，善恶必有终报时。（问 5:6）

3. 因果相报，天地大律不改

- 善有善报，恶有恶报，盖因万物皆有因果。（问 5:6）
- 善因结善果，恶因结恶果，犹如种瓜得瓜，种豆得豆。（问 5:6）
- 善恶因种，栽于心田，耕于躬行，果于众生。（问 5:6）
- 因果相报，善恶相应，天地大律不改。（问 5:6）

4. 君子行善，善则遇恶

- 君子行善，善则遇恶。（问 5:8）
- 以恶报恶，君子不为。（问 5:8）
- 以善报恶，君子所为。（问 5:8）
- 以善报恶，或致恶消善涨，或致恶行不止，甚致恶行暴涨。（问 5:8）
- 上善若水，善利万物。（问 5:8）
- 大恶若水，泄而不止。（问 5:8）
- 遏恶扬善，君子所为。（问 5:8）
- 抑恶除恶，是为大善。（问 5:8）

5. 从善如流，嫉恶如仇

- 遏恶性，方可抑恶行，消恶果。（问 5:8）
- 除恶土，方可生善树，结善果。（问 5:8）
- 恶不遏，善何扬？（问 5:8）
- 嫉恶如仇，天人共遏之。（问 5:8）
- 怀善如亲，天人共扬之。（问 5:8）
- 善恶必明辨，从善如流，嫉恶如仇。（问 7:22）

二十二、今生来世

1. 今生与来世

- 人有来生，世有来世。（问 6:8）
- 今生来生，今世来世，恰如昨日今日，今日明日。（问 6:9）
- 日日更新，日日有同，日日有异。（问 6:9）
- 今生来生同然，今世来世同然，今界来界同然。（问 6:12）
- 今生来生皆为生，今世来世皆为世。（问 6:10）
- 今来之间，薄似蝉翼，厚比天地。（问 6:8）
- 时空两维，今来两世界，有大异而不隔绝，有界限而不断然。（问 6:12）
- 天帝置界桥，可通两界。（问 6:8）

2. 既生现世，即立现世

- 今生来生，今世来世，今来两界，俗人止存其一。（问 6:8）
- 既生现世，即立现世。（问 6:7）
- 行善积德，仁义礼孝，尽心意躬力行，来世自来。（问 6:7）
- 来生类如今生，喜怒哀乐俱存。（问 6:8）
- 来世亦如今世，明暗曲直俱在。（问 6:8）
- 今生自有今性情，来世自有来喜悲。（问 6:10）
- 今世自有今世牵，来世自有来世念。（问 6:10）

3. 人生现世，皆为来世订约

- 现世在现，来世何来？（问 6:6）
- 有感而无知，有悟而无识，生后有死，死后何生？（问 6:6）
- 人生于今世，预备来世，恰值今来两时世之间。（问 6:12）
- 人立于今界，预备来界，恰值今来两空界之间。（问 6:12）
- 今生今世所为，实为来生来世之约。（问 6:8）
- 人生现世，皆为来世订约。（问 6:8）

4. 人生现世，当循现世之律

- 今来两界，各有界律。（问 6:9）
- 界律分二，一为界内之律，二为界际之律。（问 6:9）
- 人生现世，当循现世之律。（问 6:9）
- 今生万象，当为现世之律所左。（问 6:9）
- 人活今生，存于今世，眼观今象，耳听今声。（问 6:10）
- 来生来世，当为来世之律所右。（问 6:9）
- 今来两生，生同而世不同，世不同而律亦不同，是为界内之律不同。（问 6:9）
- 今生来生命数之限，今世来世命理之规，实难逾界验知。（问 6:9）

5. 今生来生，生生不息

- 人生于世，如飘浮之云，散落之叶，无足轻重。（问 6:10）
- 人生于世，如土穴之蚁、草芥之虫，无关天地之存，无关日月之转，无关今来之变。（问 6:10）
- 野有蛾虫，朝生夜亡，夜生朝亡，命长一日，故名一日虫。人生在世，短如一日之虫，长似百年之龟，时有长短，实者无异。（问 6:9）
- 自天帝造物化人以降，以时维为世，以空维为界，造构世界，生息万物。（问 6:12）
- 今生来生，生生不息。（问 6:12）
- 今世来世，世世代传。（问 6:12）

6. 大意无象，隐存不形

- 两维两世界，以意为介，可得联通，实生意界。（问 6:12）
- 意界超乎时空，越乎今来，既为两界之媒，亦为天地固存，实为三维本界。（问 6:12）
- 意界存于生灵之魂，万物之魄，意以控物，左右世界。（问 6:12）
- 大意无象，隐存不形，实为根本。（问 6:12）
- 今来并存，时空俱进，意界固生而日日增强，新纪将临。（问 6:12）
- 无论今来两世，时空两界，抑或固生日强之意界新纪，均无外以天道运行。（问 6:12）
- 天之道浩渺无垠，超然万世万界，统摄万世万界。（问 6:12）

二十三、人的困扰

1. 身如过虫，为何而生

- 眼见前人如冬草枯干，逝而不返。（问 3:1）
- 眼见自己似秋木落叶，一天衰过一天。（问 3:1）
- 往事恍如昨日，来事匆如闪电。（问 3:1）
- 一生劳碌，苦乐作伴。（问 3:1）
- 曾经力大无比，磐石可搬。（问 3:1）
- 曾经不知乏累，昼夜不眠。（问 3:1）
- 一切彷如浮云，终将烟消云散。（问 3:1）
- 身如过虫，为何而生，生而为何？（问 3:1）

2. 马驴易识，豺豹易辨，究竟何为人？

◆ 芸芸众生，何以友善慈悲者有之，豺豹凶恶者亦有之？何以灵德高尚者有之，猪犬不如者亦有之？（问 4:1）

◆ 马驴易识，豺豹易辨，然究竟何为人？（问 4:1）

◆ 旧惑未解，新惑愈深，何以善恶不报，甚或善得恶报？（问 5:1）

3. 渴慕成鸟，翔飞林间

- 吾尝渴慕成鸟，翔飞林间，上下雀跃。（问 3:7）
- 吾尝渴慕成鱼，潜游水中，无影无踪。（问 3:7）
- 吾尝渴慕成豸，饥时觅食，饱后昏睡。（问 3:7）
- 吾尝渴慕成烟，轻漫升腾，随风飘散。（问 3:7）
- 吾尝渴慕成云，悬空漂浮，不苦心智。（问 3:7）
- 然百般思盼，终皆不逞！（问 3:7）

4. 天命似知心犹在，前路向何方？

◆ 魂牵梦萦思旧土，我心归故家。（教 10:1）

◆ 他乡搏利枉图名，身筋疲，心惶惶。（教 10:1）

◆ 儿时戏水有清溪，今日何处寻？（教 10:1）

◆ 邻家小妹已珠黄，清月叠残阳。（教 10:1）

◆ 岁月匆匆留不住，鬓发摧槐黄。（教 10:1）

◆ 眼望秋水东流去，留不住，源细长。（教 10:1）

◆ 天命似知心犹在，前路向何方？（教 10:1）

◆ 惟见天际卷轻云，鸿雁排行行。（教 10:1）

二十四、人的心主

1. 人心无主，何立世界

- 虔诚者敬族神，然族神不一，各有所向。（问 7:2）
- 循规者敬王法，然王法有别，各有所制。（问 7:2）
- 胆大者妄为，妄为者常获利取金，故趋利者如过河之鲫。（问 7:2）
- 胆小者龟缩，常木讷滞后不得毫厘，或为乖巧者戏弄羞辱。（问 7:2）
- 脚下有大地，头上有苍天，万千众生，必有其主，无主则迷乱。（问 7:2）
- 树有根，水有源，人岂能无主？（问 7:4）
- 人心无主，何立世界。（问 7:12）

2. 人有事主，必有心主

- 人生在世，非活于净空，合群而生，分类而工。（问 7:12）
- 渔耕织猎，官宦臣民，皆有所工。（问 7:12）
- 无论何工，必有事主，上至皇亲国戚，下至平民百姓。（问 7:12）
- 事主之外，人有其心，有其心必有心主。（问 7:12）
- 事主在外，群生分工而致；心主在内，人为灵长而致。（问 7:12）

3. 心无居所，漫地野游

- 身无居所，风吹雨淋，兽畜无异。（问 7:12）
- 心无居所，漫地野游，亦兽畜无异。（问 7:12）
- 腹饥无食粮，口不择食，凡物皆吃。（问 7:12）
- 心饥无食粮，魂不附体，恶于猛兽。（问 7:12）
- 世界维心，心维世界。（问 7:12）

4. 天帝与人订心约，使万众区分禽兽

- 人无父不生，无母不养，无天帝万物无以所在。（问 7:4）
- 举目望去，人来熙熙，人往攘攘。忙而不乱，乱而不亡，生生息息，代传有序。惟天帝造化万物，以人为重，赋人灵道。（问 7:4）
- 天帝与人订心约，使万众区分禽兽，别于顽石朽木。（问 7:4）
- 惟天帝创世造人，启导万众，万众奉天意躬行治理，方使世界有章有序。（问 7:4）
- 天帝启导之工，不分先行后进，不分有迹无痕，潜移默化，循序渐进。（问 7:6）
- 其行在有形无形之间，其功在显潜无意之间，其利在百世千国万民之间。（问 7:6）

5. 天下万族，原本同一天父

- 仁善为万众心主。（问 7:7）
- 法为万民之主。（问 7:8）
- 人有悟觉即得心主。（问 7:10）
- 己主在己，异为人主。（问 7:11）
- 天帝与人订心约。（问 7:4）
- 天下万族，原本同一天父。（问 7:5）
- 天帝为人主。（问 7:4）

6. 无仁善人之不存

- 仁善之心，人皆有之，大小之分。（问 7:7）
- 仁善之情，人皆向之，厚薄之分。（问 7:7）
- 仁善固于人心，化于人际。（问 7:7）
- 无仁善人之不存，世之不序，故仁善为万众心主。（问 7:7）

7. 人之为人，以仁制欲

- 心有仁善，挫而不悔，物失而心得，利他而悦己。（问 7:7）
- 人之为人，因其知耻害羞，以仁制欲。（问 7:11）
- 仁以善信为实，欲以利贪为本，皆为人之固有。（问 7:11）
- 大千世界，仁之善信各有所向，欲之利贪各有其径，仁欲之衡实因人而异。（问 7:11）
- 人为活物，既非顽石，亦非草木，生灵之妙与理世之难，悉在乎此。（问 7:11）

8. 人有悟觉，即得心主

- 人生苦短，如三月芥草，转眼枯逝。（问 7:9）
- 天下众生，不过匆匆过客。（问 7:10）
- 甜苦两果，谁人不食甜果？（问 7:9）
- 人之为人，多凡夫俗子，自以食色为天。（问 7:9）
- 有崇日月星辰，有崇山海河川，有崇虎豹禽鹰，不过人心所为，心之所寄，实小异而大同。（问 7:10）
- 人有七情六欲，追名逐利拜金，乃本欲所使，实为过眼烟云。（问 7:10）
- 人图一时之快，本欲所驱，禽兽般争夺噬杀，一毫莫让。（问 7:10）
- 非你死我活，即两败皆伤。（问 7:10）

- 舍命求物，岂不舍本求末？舍他惟己，岂不与世为敌？（问 7:10）
- 人生于无，终归于无。（问 7:10）
- 世界本无，何须究有而复有，多上再多，执迷而不悟？（问 7:10）
- 人有悟觉，即得心主。（问 7:10）

二十五、天道立心　人道安身

1. 人处天地之间，脚立道欲两界

- 人在现世，立于道、欲之间。（问 7:13）
- 道者，天之大道，人之灵道。（问 7:13）
- 欲者，人之本欲，食色地欲。（问 7:13）
- 人以道为天，以欲为地，道欲相辅，天地而成。（问 7:13）
- 以灵道为天，以食色为地，天地相辅，男女而成。（问 7:13）
- 人处天地之间，脚立道欲两界。（问 7:14）

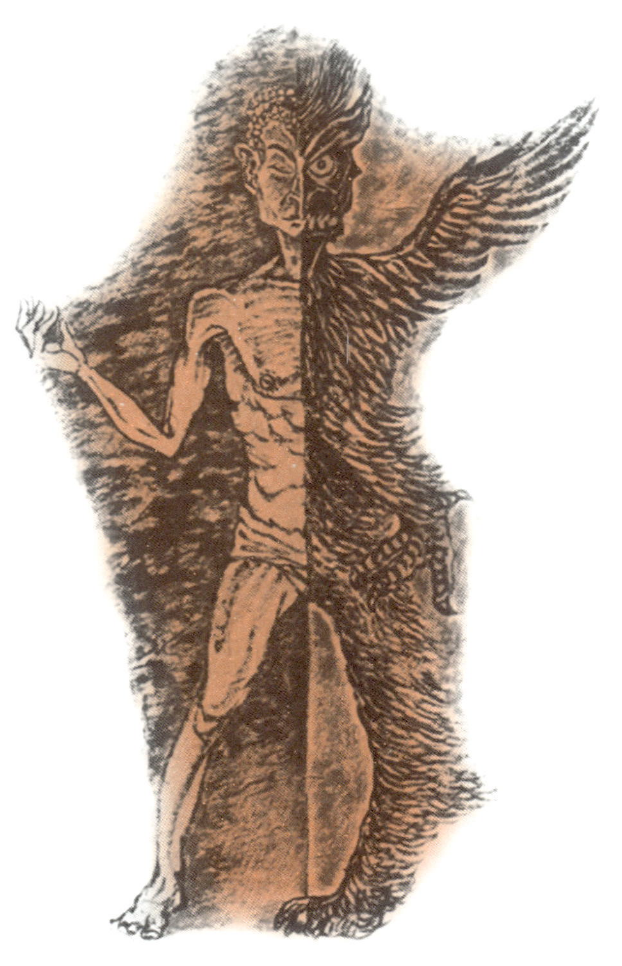

（脚立两界）

2. 天道在上，地欲在下

- 天道在上，人依道而行，有伦有序。（问 7:13）
- 地欲在下，人依地而立，双脚不空。（问 7:13）
- 食色利欲人性之本，无本则无生。（问 7:13）
- 天道化灵人之为人，失道何以成人？（问 7:13）
- 人有双目，心有两骛。（问 7:13）
- 一目识道，一目视欲，道欲遇于心，轻重翻转，浮沉有变。（问 7:13）

3. 道、欲、人三维而织，三纲而张

- 万千世界斑驳陆离，实乃道、欲、人三维而织，三纲而张。（问 7:14）
- 或以道为主，或以欲为先，或道欲共主先，实为人之恒惑，古今难解，解亦未解。（问 7:14）
- 人、道、欲立于三维，三维各蕴两界。（问 7:14）
- 人者蕴于道、欲，道者蕴于人、欲，欲者蕴于道、人。（问 7:14）
- 人世繁复，然不过三维两界。古今贤哲受天帝启悟，几多妙思，几多偏颇。（问 7:14）
- 非以天之大道统摄，人世万古无以解惑。（问 7:14）

4. 无欲则无生，无道不成人

- 人因道、欲相辅而为普罗众人，无欲则无生，无道不成人。（问 7:15）
- 以道制欲，人别于禽兽而文明。（问 7:15）
- 以道疏欲，制疏相宜，则合人律而通天道。（问 7:15）
- 欲道断分，人不成人。（问 7:15）
- 欲道相制，合而成人。（问 7:15）
- 道因人、欲相适而行。（问 7:16）
- 道制欲成人，然制非滞也。（问 7:16）
- 故须以道疏欲，致欲适人合道。（问 7:16）
- 古今传道之大谬，悉在以道滞欲，以致道传不畅，道不自然，人之拒道。（问 7:16）

5. 天道无疆，人道有痕

◆ 欲者，实为身饥也。（问 7:17）

◆ 人岂可无食而生？岂可饮风而饱？饥渴而食，性之使然。（问 7:17）

◆ 食而生人，道之使然。（问 7:17）

◆ 欲者不可绝，无欲亦无人，无人则无道，故欲实为人、道之所依。（问 7:17）

◆ 无食无色，岂为人乎？（教 7:5）

◆ 然好食而不贪，喜色而不溺，食色有节，适而有制，即为人道，亦合天禀之道。（教 7:5）

◆ 天道无疆，人道有痕。（教 9:9）

◆ 世之三维，维之两界，动变静化，相制而合。（问 7:18）

6. 天道盖顶，超然族群

- 天下九教十八流，同中有异，异中有同，各有所执，各有所废。（问 7:18）
- 统合融纳，可补短长，可合大道，可适人律。（问 7:18）
- 天下千国万族，国族有分，天道无别。（问 7:18）
- 国有山河之界，族有道统之别。（问 7:18）
- 天道盖顶，无分家国，超然族群。（问 7:18）
- 顺天合道，家国兴隆，族群强盛。（问 7:18）
- 大道在上，族以载道。族有道统，乃大道之统，分族各显，合族共现。（问 7:18）
- 道族不悖，天道无疆。（问 7:18）

7. 族魂灭，城廓乃躯壳

- 亡家国者，毁其城廓，灭其政体。（问 7:18）
- 亡文化者，毁其道统，灭其族魂。（问 7:18）
- 族魂在，国亡可再兴。（问 7:18）
- 族魂灭，城廓乃躯壳。（问 7:18）

8. 天道立心，人道安身

- 天道人律适合，天长地久人生。（问 7:18）
- 大道在己身，群独须躬行。（问 7:20）
- 天道立心，人道安身。（问 7:20）

二十六、六合花开 合正大道

1. 六言慧语

- 敬天帝。（问 7:20）
- 孝父母。（问 7:20）
- 善他人。（问 7:20）
- 守自己。（问 7:20）
- 淡得失。（问 7:20）
- 行道义。（问 7:20）

（六先论道）

2. 六说不悖，皆有其悟

- 六说不悖，皆有其悟。（问 7:19）
- 六说之统，合有妙用。（问 7:19）
- 以道为统，无统不一，无一何生万物。（问 7:19）
- 以约为信，无信不通，无通何生和合。（问 7:19）
- 以仁为善，无善不爱，无爱何生家邦。（问 7:19）
- 以法为制，无制不理，无理何生伦序。（问 7:19）
- 以空为有，无有不在，无在何生世界。（问 7:19）
- 以异为变，无变不化，无化何生久远。（问 7:19）

3. 六合正一，道通天下

- 六合正一，道通天下。（问 7:19）
- 六合而可正。（问 7:19）
- 合正而为一。（问 7:19）
- 正一而容六，一六而贯通，道归合正。（问 7:19）
- 合正道至简，生当悟大道。（问 7:20）

（合正道符）

4. 化用六说六言

- 道统大千，道可受而不可悖。（问 8:4）
- 约信万民，约可守而不可违。（问 8:4）
- 仁修自身，仁可固而不可懈。（问 8:4）
- 法制众生，法可循而不可逆。（问 8:4）
- 空得世界，空可悟而不可弃。（问 8:4）
- 异变久远，异可适而不可滞。（问 8:4）

5. 天道自然为人主，高天大地为父母

- 六说六言，至本者为敬天帝。（问 7:21）
- 敬天帝即敬天地。（问 7:21）
- 人生天地之间，举头三尺有神明，离地半寸无根立。（问 7:21）
- 天意在上难违，地气在下不绝。（问 7:21）
- 心无敬畏，胆大妄为。（问 7:21）
- 人自为主，终将自毁。（问 7:21）
- 人享天帝之眷，凭天地立身，得天道指引。（问 7:21）
- 天道自然为人主，高天大地为父母。（问 7:21）

6. 顺天行道，为人正义

- 行道义即行天道尽人义。（问 7:22）
- 顺天行道，为人正义。（问 7:22）
- 善恶必明辨，从善如流，嫉恶如仇。（问 7:22）
- 生死当不迷，生之坦然，死之如归。（问 7:22）
- 悟行须合一，修在当下，皆为道场。（问 7:22）

7. 六说六言合正道，两足两界走一生

- 化用六说六言，遍播六合心花。（问 8:4）
- 六说六言合正道，两足两界走一生。（问 8:4）
- 心得灵道，以身践行，一生坦然。（问 8:4）
- 啼哭而来，笑着离去。（问 8:4）

8. 六合花开

- 六合花开有七彩，辉天映地显世界。（问 8:3）
- 六合之花，实为心花。（问 8:3）
- 心花种在心上，生在身上，开在行上，果在人间。（问 8:3）
- 六合花开满地，天光普照山川。（问 8:3）